AF274217

TEMPLE Y TIEMPO
(2021–2024)

TEMPLE Y TIEMPO
(2021-2024)

Alfonso González-Calero

Prólogo
María Muñoz

Colección Generación del Vértice, 221

TEMPLE Y TIEMPO
(2021-2024)

© Del texto
ALFONSO GONZÁLEZ-CALERO GARCÍA

© Del Prólogo
MARÍA MUÑOZ

Imagen de la portada
PABLO SANGUINO

© De la edición e impresión
CELYA EDITORIAL
Apdo. Postal 1.002 - 45080 Toledo
www.editorialcelya.com
celya@editorialcelya.com
Tel.: 639 542 794

1ª edición: Febrero, 2025

ISBN: 978-84-19933-17-1
D.L.: TO 1-2025

Cualquier forma de reproducción, distribución, comunicación pública o transformación de esta obra sólo puede ser realizada con la autorización de sus titulares, salvo excepción prevista por la ley. Diríjase a CEDRO (Centro Español de Derechos Reprográficos, www.cedro.org) si necesita fotocopiar, escanear o hacer copias digitales de algún fragmento de esta obra.

Nada te pido.
Dame tú la noche.

En nuestro exilio interior se agazapan las ideas. La poesía está en nosotros de manera perceptible, oportuna *el decir*; lo difícil para la conciencia, en la indómita frontera del lenguaje, es la puesta en práctica de este juego, que requiere un análisis: dibujar primero y entregarse al silencio después.

Pero la historia y sus mareas ordenan el pasado y el presente en el ejercicio de un orden natural y la memoria entonces va evidenciando, en síntesis, el paisaje del poema, el lugar, las paradojas de la insatisfación o los hechos diminutos donde los hilos de un tiempo concreto encarnan sus analogías en el alma de las cosas.

Las ideas, movidas por este ansia de vida, rememoran sentimientos y emociones, en las relaciones de una tradición discursiva, armonizando dolor y anhelo en la carga de lo escrito; de este modo, pasado y presente en sentido binario muerte-vida, se convierte en una expresión liberadora preservando un vacío cuando el vacío es la ausencia de respuestas.

Así el poeta, ordena los símbolos de su realidad, y va alumbrando el deseo con ánimo generoso hasta poder reconocerse en él... Y no es remembranza, es espacio dialogado, re(existencia) de su itinerario vital. Las líneas precisas de esta representación derraman sus puntos de fuga, sus gotas del tiempo en una suerte de autobiografía donde una voz liberadora lo va transformado de algún modo. Lo anterior y el ahora, todo unido, asoma ahí, en aparente paradoja.

Pero no es solo el instante entrelazado, es un misterio que cautiva –¡frágil equilibrio en el que confiamos!–. La posibilidad arrastra su verdad. Escribimos para dar sentido a la palabra en el poema, un sentido profundo, que permanezca intacto. Y si escribimos sobre la amistad o sobre el amor es para que alguien lo sienta en alguna parte pues, a pesar de todo, estamos hechos de pensamientos y las pasiones del corazón insisten en organizar siempre su centro.

Hemos navegado, del conocimiento a la sinrazón de un mundo en el que ya no creemos. Los códigos de la ética y los discursos de la cultura, no bastan para conocer al hombre bueno. Humanizar, expresar lo universal despierta los sentidos y tambien es una forma de gozo. Verdad, bondad y belleza fueron las insignias de la poesía desde sus primeros intentos registrados por los filósofos griegos, complementadas con la humildad y el asombro que eran signos de sabiduría. Y aunque hoy, buscar la inocencia del espíritu resulte una apuesta inapropiada y nuestras metáforas scan diferentes, privilegia una emoción creadora, donde todo puede decirse a la sombra de uno mismo pues en el inconsciente queda atrapada la palabra como una acción auténtica; así lo expresó María Zambrano, proclamando que cada argumento, cada historia personal la constituye, porque siempre una oscuridad protege algo que esconde la luz guardiana y fugitiva a la vez, que la razón poética sigue iluminando para todos, mientras envuelve poderosa, a la ensoñación del verso. Nuestro autor lo intuye, claramente:

Heraldo en sombras del error, perdido.
Insistente temblor, ocaso eterno.
Llamada que persiste, entraña vana
que preludia al olvido sus rumores.

Solo las horas tejen su afán mientras el día se desliza irremisiblemente. Por encima del ruido, la mirada, y esa escritura huidiza del silencio que ha ido creciendo en nosotros. Un aire templado nos blinda para que mantengamos a raya los recuerdos. Lejos quedan los abrazos. Encarnados en un íntimo detalle, se cimenta entonces el temple del ánimo, esa predisposición afectiva que no sólo es resistencia, tono amable o carácter, es relación entre las vivencias que vincula a la experiencia en una compleja red de significados... La voluntad de poder, que ahora es esperanza, ahí se fundamenta. Y para salir del desconcierto, las orillas rompen y las frases se mantienen en pie, al pie del tiempo.

Como una tarde a punto de marcharse
una línea de cielo que nunca se perdía
o una bruma infinita que envolviese tu sueño.

MARÍA MUÑOZ
diciembre 2024

«Que vele o duerma, media vida es tuya»

Lope de Vega (A la noche)

Cómo te atreves

Cómo te atreves
a exigir nada.
¿A quién?
¿Por qué motivo?

Te ha sido dado mucho
Disfrútalo
Reparte lo que puedas
y pasa lento, sin hacer mucho ruido

Comparte el aire que respiras
que es igual para todos
y sé feliz con ello,
sin pedir nada;
sólo respirando.

Gijón, 3 de agosto de 2021

TRES

Y vas diciendo adiós, sin que te duela,
mientras todo se desmorona y tú lo miras
con la nostalgia de no poder pararlo
y una amargura gris que te llena la boca.
A borbotones bebiste de aquel vaso
que ahora se va vertiendo, lentamente,
sin que puedas notar su sabor ácido
que desde siempre estuvo ahí
aunque tú lo esquivaras.

Esa punzada vino para herirte;
Se fue agrandando, creciendo con tu muerte,
y ahora que está venciendo
tú ya sabes, de sobra, quién la manda.

Pues que nada está escrito
Y esto aún no ha acabado,
Defiéndete con lo mejor que tienes:
la magia de tus manos, y tu risa.

Bargas, 10 de septiembre de 2021
A Trinidad Fernández, Tres,
(fallecida en enero de 2022)

Radiografía

Si todo lo viera como esta
radiografía
–espectros de muerte–
que tengo ante mis ojos, en una pantalla,
probablemente
callaría para siempre.

Clínica dental; Olías del Rey,
1 de octubre de 2021

Esta casa

Estudié la ciencia de la despedida
en las calvas quejas de la noche

Ósip Mandelstam, *Tristia*

En sucesivas oleadas
he ido haciendo y deshaciendo esta casa.

Unas y otras manos y deseos
han puesto aquí su huella
con libros, cuadros,
con objetos, con sueños...
Manos —recordadas unas, otras olvidadas—
que han vivido, como yo ahora,
entre estas paredes.

Así, esta casa es obra de muchos,
aunque ahora nos pertenece.
Acoge nuestros sueños
tanto como los insomnios del alba.
Ella es ahora nuestro escenario
y yo la quiero así,
llena de nuestras vidas.

Bargas, 11 de noviembre de 2021

Hoy no vienen los pájaros

Hoy no vienen los pájaros;
están en otra parte.
No atienden mi llamada
o es que no tienen hambre.

Es difícil saber
cuándo van a escucharte,
cuándo ese pan tan blanco
les moverá hasta alzarse.

Pero yo sigo dándoselo,
echándoselo al aire.
Esperando a que vengan
a comerlo esta tarde.

Bargas, 5 de febrero de 2022

Camelia real y nómada

De entre todos los libros
–ideas que resbalan y me llegan ahora–
destaca esta camelia
que hasta ahora no había visto.

Y estaba ahí, callada en su vasija.
Más real que nunca ahora se dibuja
queriendo darme sus pequeñas yemas
como puntos de fuga
                                        de un aire que se escapa.

Flores e ideas, nómadas eternas
de un tiempo que se mueve aquí dentro
asentando algo que no debió irse nunca.

Con Miguel Casado, en *La ciudad de los nómadas*
Bargas, 15 de febrero de 2022

Libros negros y blancos

Libros negros y blancos,
libros grises,
libros de todos los colores
libros de los muchos años vividos,
y libros olvidados.
Libros nunca leídos, perdidos para siempre.
Quién sabe qué de historias me ocultan.
Libros que conformaron tu memoria
                tanto como tu olvido.

Letras, ideas, palabras que apuntaron
                a tu alma soñadora.

Libros que almacenaste, o escondiste
para verlos después, en el momento justo.

Ese tiempo es ahora
cuando una cierta vida va parándose
cuando llega el momento de parar y mirar,
de entender los perfiles que quieren decir algo.

Libros que están ahí, que te acompañan
En este paso lento de tu vida.

Bargas, 3 de marzo de 2022

Cuán lejos

Cuán lejos estoy de esos
      excelsos poetas de lo oscuro
que ahondan en los enigmas del Ser
y alumbran con destellos las sombras de la vida.

Cuán lejos de su sabiduría hermética
que da luz a las aristas
y se hunde en el cieno de los absurdos.

Cuán lejos y, sin embargo,
ellos están ahí para indicarme
la gran distancia que me queda,
lo que me falta para llegar a ser
un hondo poeta de lo oscuro.

Bargas, 20 de marzo de 2022
(La alegría de los naufragios)

*Heraldo en sombras**

Heraldo en sombras del error, perdido.
Insistente temblor, ocaso eterno.
Llamada que persiste, entraña vana
que preludia al olvido sus rumores.

Jaraba (Aragón), 31 de marzo de 2022

*   Publicado en el num. 38 de la revista *Cuaderno de humo*;
Nueva York, abril de 2023

Mimbre

Humilde mimbre
que con el sol brilla.
Está y contiene,
protege el alimento.
No pide más que un rayo
                        de sol
para exhibirse
y mostrar su sencillez
                        a todos.

Mimbre que abraza,
sostiene, y da reposo
a un momento de amor
que ya ha pasado.

Bargas, 1 de mayo de 2022

La gota o El miedo del silencio

Ni siquiera sabes estar solo
aunque te calles mucho cuando estás con los otros.

El silencio te asusta, te acerca a tus temores
y por eso prefieres las nieblas que hacen ruido.

La gota que repite su sonido monótono
sólo marca la fuga de un tiempo inaprensible.
Cuando dejas de oírla, el mundo se detiene
y tú tomas la calma, cálida, entre tus manos

Gijón, 30 de junio de 2022

Un eterno domingo

> *«Un eterno domingo»*
>
> EMILY DICKINSON

Y ya no estás.
Estuviste, eso es cierto
mas desde ahora sólo estarás en la memoria,
en algunas memorias.

La luz que desprendía tu rostro
el aliento que salía de tu cuerpo
las palabras alegres de tu boca
ya no brillarán para ninguno,
salvo algunas memorias.

Es triste, lo sé, pero es así.
Estuvimos y dejaremos de estar en este mundo.
Sólo ese polvo seco que deje nuestro cuerpo
dará cuenta de lo que fuimos.

Y no habrá más,
salvo algunas tímidas memorias.

> A la madre de Esther Gassol,
> cuya muerte conocimos ayer domingo,
> Gijón, 11 de julio, 2022

Misterio / Distancia

Misterio.
Distancia.
Error al ver una imagen que no fue,
una imagen que estuvo
               pero que se borró para siempre (o no).

Distancia en tiempo y bruma.
Verdín húmedo, o seco,
               en el pantano del olvido.

Polvo que no cuajó.
Olor que está en la tierra
y que vuelve cuando regresa el mismo viento.

Distancia. Misterio.
Un sonido que no acaba de irse.
Una imagen que se desvanece...

Gijón, 14 de agosto de 2022

Alfonso González-Calero

Garra o abrazo

«La fuerza de los fantasmas reside en su irrealidad»

UMBERTO ECO

Si puedes elegir, elige abrazo.
        Te dejará la garra
                regusto ácido de tu propia sangre,
        mientras la mano abierta
                siempre será signo de vida.

        Dicho lo cual,
        Sufrirás más, a veces, para dar abrazo.
        Mientras la garra surge por sí sola
        e incluso un gramo de placer
                        te dará
                mientras la hundes en carne enemiga.

        Con todo, son fantasmas los que se ocultan
                                en tus sueños
        y deberás hablarles,
                a sabiendas de que no van a responderte.

                        Para Arancha Avín,
                        Gijón, 18 de agosto de 2022

Nubes de algodón

Como una tarde a punto de marcharse
una línea de cielo que nunca se perdía
o una bruma infinita que envolviese tu sueño.

Así, el pegajoso algodón de tus recuerdos
se amasaba celoso en el jardín de arena
y llenaba de barro rincones antes húmedos
que luego fueron polvo, o roca, no recuerdo.

Gijón, 28 de agosto de 2022

*Nudo**

Parado en este nudo,
atado como estoy
al cabo que prolonga
mi sombra en este trecho,
a todo lo que aspiro
es a seguir flotando
y a esperar, sin pasión,
la luz del día.

Gijón, 2 de septiembre de 2022

* Publicado en el num. 38 de la revista *Cuaderno de humo*;
Nueva York, abril de 2023

Muertes (uno)

Sigue segando
tallos bajo sus pies.

Plantas que han terminado
su crecer desvalido.

Su savia será humus
para una nueva tierra
cada vez más fría.

Para Cris, muerta ayer,
Gijón, 10 de septiembre de 2022

Y de noche

Y de noche
el hierro resonaba rítmico,
con cadencia remota
señal oscura que marcaba el tiempo

Y aplastaba un silencio
que no quería entender
y llenar de sentido,
cuando sólo era silencio
　　　　　y noche.

Bargas, 9 de octubre de 2022

Con Pepe Corredor Matheos en Barcelona

Esa foto que te hice
frente a tu casa, en Barcelona,
me la robó un ladrón de imágenes
y de carteras, en la calle.

No importa, porque la imagen más profunda
fue contigo paseando el Barrio Gótico,
aprendiendo de una ciudad
que tú me descubriste.

Esa imagen no me la quitarán
porque la he atrapado luego en tus versos
que están *al borde* de mi carne para siempre.

Bargas, 16 de octubre de 2022

Muertes (dos)

Y ahora ya no puedo pensar
         más,
ni asimilar nuevas palabras, que se agolpan
         viscosas
enredadas entre sí
    y con la melaza del tiempo oscuro.

Por detrás, un dolor sordo y persistente
se apodera de todo
y lo domina todo con su vértice.
Es el dolor creado por la muerte
que nunca te abandona.

Mujeres y hombres que un día
         –ayer– estuvieron
y ahora son sólo sombras
en la gran sombra del olvido.

Pero ella es gran ingrediente de la vida
igual que no habría luz de no haber sombra.

Juan Manuel, Mª Amparo;
muertos en noviembre de 2022,
Bargas, 11 de diciembre de 2022

Niebla

Sale volando el pájaro.
Permanecen el tejado, la baranda, la niebla,
aunque también ésta se mueve, más despacio

Lo que queda, lo que se va:
todo es engullido por la niebla,
que marca y borra contornos
como lo hacen tiempo, o el agua.

Días sin sol, así es el orden del invierno
frío y silencio,
distancia y temblor
y algo de tu propio aliento
para vencer la niebla de tu alma.

Bargas, 15 de enero de 2023

Charles Simic

En el ático de tu memoria,
como una piedra en la nieve habrá caído
el peso de tu cuerpo
                              Charles Simic

Y estará ya jugando
con otras moscas muertas
en las afueras del cementerio.

a Charles Simic, muerto el 9 de este mes,
Bargas, 19 de enero de 2023

Refugio

El amor era también eso: un refugio
en la intemperie y tantos vendavales después

Pol Guasch, *La parte del fuego*

Refugio:
¿es esa la palabra?

La he encontrado hoy dos veces:
Para nombrar a Dios
y al amor
              de los seres ateridos.

¿Será el refugio ese agujero negro
–silencioso–
al que volver?

Bargas, 2 de febrero de 2023

¿Brilla la plata?

¿Brilla la plata en una espesa niebla
o pierde su fulgor transida por lo húmedo?

¿Resiste el tiempo el metal blanco y frío
o cruje bajo él, inerme y rota?

Quizá la pátina exterior se desmorone
pero la esencia permanezca intacta

Bargas, 6 de marzo de 2023

Resumen

Repaso cosas que luego he olvidado,
nombres que hace ya mucho no pronuncio.
Recuerdo cosas que apenas he sabido
y que se van perdiendo, como el agua.

Revivir, un engaño, pues no somos el mismo
ser que ya vivió aquello, que ha pasado.
Reviso cromos que nunca fueron míos
por los que sentí envidia, y ahora nada.

No puede haber resumen
porque las cosas son sumas y restas.
Agujeros que llenan de silencio la boca,
nubes que son distintas cada día.

Retroceder, sin más, es imposible.
La marcha atrás no existe en una cuesta abajo
¿Dónde terminará este extraño camino
que comencé hace mucho, aunque no demasiado?

Gijón, 9 agosto de 2023

Gestionar

'Gestionar', qué palabra
                    anómala
cuando no se trata de un negocio.

No hay que comprar; no hay que vender
Sólo hay que acompasar el ritmo
                              de tu marcha
a la fuerza del viento
que bien puede empujarte, bien tumbarte.

Sólo hay que medir la intensidad del paso
Y calcular tus fuerzas,
                    pues no conoces el final.

                    Gijón, 14 de agosto de 2023

Generaciones

En sucesivas oleadas
los más jóvenes vienen
colocando su empuje o bien su fuerza
en espacios que otros les dejamos.

Con su propia experiencia han aprendido
a construir un destino, nunca escrito.
Ahora sabrán, con sangre trabajada,
que la vida hay que edificarla
con ensayo y error, sin lección previa,
en esta gran corriente que es el Tiempo.

Gijón, 16 agosto de 2023
(con Manolo, Mar y sus dos hijos)

Silencio, Distancia, Desgarro

El silencio crea unos vacíos y los rellena
    con bolas de espinas que agreden el espacio
    que las rodea.

Para evitarlas surge la distancia que estira estos
    espacios intermedios hasta convertirlos
    en simas de vacío.

De tanto estirar, estas membranas de silencio/
    vacío se desgarran y crean nuevos espacios
    de oscuridad y sombra donde resuenan
    las primeras voces que las conformaron.

Así, este desgarro permanece, se instala
    en los resquicios y domina el espacio
    de la vida.

Gijón, 17 de agosto de 2023

Líquidos que escapan

Tapando con la mano la sangre que se escapa
espero que mi fuerza detenga la hemorragia.
Ignoro que los líquidos encuentran los resquicios
para burlar los topes y siempre hallan escape.

El tiempo es raíz líquida que fluye y se desdobla
De nada sirve fuerza para intentar pararlo.
Si acaso con más nieblas puede que lo distraigas
Y ocultes sus aristas a base de limarlas.

Gijón, 19 de agosto de 2023

Muerte, Vida

Detrás de toda vida está la muerte.
Antes de toda muerte fue la vida.
Antes del fin estaba todo abierto:
el fuego anuncia siempre la ceniza.

Gijón, 30 de agosto de 2023
A Conchi Sánchez (Lanza), muerta a los 50 años
A Isolina, que todavía vive, con algo más de 100

Vigilia

Vigilia:
       miro desde el umbral
cómo el tiempo se esconde,
jugando siempre
con mi aliento y su sombra

Gijón, 31 de agosto de 2023

Amasar el pasado

Amasar el pasado
Como quien amasa harina para hacer el pan.

Envolverlo y fundirlo; aplastarlo
y hundir en la masa tus manos
hasta mancharlas todas con esa
pegajosa mezcla de leche y sombras,
de olvido y de recuerdos maleados.

El pasado, más que saber, mancha lo que roza,
es mucho más que uno, es denso y es poroso
es un magma sin líneas,
es una masa informe que nunca va a ayudarte.

Al final, más que pan tendrás cenizas
y habrás perdido la levadura en el intento.

Gijón, 3 de septiembre de 2023

Punto de silencio

Un punto de silencio inunda el cuarto.
Puedes entonces mirar entre las grietas
que están tapadas siempre por el ruido,
continuo compañero inexpugnable.

Difícil detener este momento
en que casi el vacío nos configura,
cuando todo está lleno de murmullos
que ahogan cualquier intento de observarte.

En ese leve instante se han quedado
grabados como en cera tus lamentos.
Para salir de allí basta tan sólo
darte la vuelta y devolver el tiempo.

Bargas, 9 de septiembre de 2023

Tiempo

Llevo el peso del tiempo cargado a mis espaldas
como un saco de agua cuya presión aumenta.
Crece como la vida, que no para de hacerlo
y cada día añade una estría a tu camino.

Gijón, 13 de septiembre de 2023 (72)

Le bleu du ciel

Le bleu du ciel

GEORGES BATAILLE

Ese azul marmóreo en el cielo que veo,
                      hasta ahora escondido
estaba allí, esperando,
y llega ahora para anunciar
una nueva estación.

Y es que el color del cielo
puede pintar tu alma
si es que has logrado, antes,
 dejarla en blanco.

Mira el cielo y consigue
que ese color impregne
las telas de tu cuerpo,
las sombras de tu espíritu,
la huida de tu mirada.

Bargas, 14 de octubre de 2023;
comienzo del otoño meteorológico

Niños que nacen en Gaza

Niños que nacen en Gaza:
Su futuro es tan negro como el humo.
Niños que mueren en Gaza:
Todavía no sabemos
De todo lo que es capaz el ser humano.

Bargas, 18 de noviembre de 2023

Según datos de la UNRWA (Agencia de Naciones Unidas para los Refugiados de Palestina en Oriente Próximo) una media de 180 mujeres da a luz cada día en Gaza, en estos tiempos.

Hombre que quiere mirar

El hombre que quiere mirar.
El hombre que sueña despierto.
El hombre que borra las sombras
entre las nieblas del recuerdo.

El hombre que escribe con barro
en la pizarra de un momento.
El hombre que todo lo olvida,
que todo lo mece en el viento.

Ese hombre que olvida soy yo,
es mía esa carga que siento.
Ese dulce y lejano y rumor
es todo lo que ahora yo quiero.

Bargas, 8 de diciembre de 2023

Fe en la raza humana

La llamada de alguien que creías perdido
basta para recuperar
la fe en la raza humana,
que habías debilitado en exceso.

Solemos creer, a veces, que los otros son
tan débiles como nosotros,
tan cobardes como nosotros,
tan interesados como somos nosotros.

Simplemente, son como nosotros:
capaces de lo peor y de lo mejor
según el viento se haya levantado ese día.

Bargas, 24 de diciembre de 2023
(a LH)

Intercambio

Te doy mi tiempo.
Tú me das sonrisas.

Ahí va mi oro.
Devuélveme silencio.

Este es el trato:
Nada te pido.
Dame tú la noche.

Bargas, 29 de diciembre de 2023

Piedra y mano

Para tallar la piedra
lo primero que sufra
será tu mano

Bargas, 3 de enero de 2024

Una mañana más

Vuelve este amanecer
diferente y él mismo
que cada mañana nos avisa
de un día más que nos es regalado.

Vuelve para pedirnos
que miremos el cielo
al menos un momento
de tensión y belleza
esta mañana.

Y ahora, cuando lo miro,
pienso en ti y te imagino
mirándolo conmigo
una mañana más
        de nuestra vida.

Bargas, 21 de enero de 2024

Pelear con sombras

Pelear con sombras.
Esa especie de duelo
sin ganador, sin sangre.
Esa oscura batalla
sin un claro final.

Pelear al alba
cuando las cosas
pierden sus contornos.
Cuando no hay más rivales
que tu miedo, tu herida.

Pelear con sombras
que tú mismo has forjado
en noches como esta.

Bargas, 29 de enero de 2024

Panero, homenaje

Es tan bella la ruina, tan profunda
sé todos sus colores

LEOPOLDO Mª PANERO
La canción del croupier del Mississippi

Qué picor en la sangre cuando te has tropezado
y lames en tu boca ese gusto de azufre,
cuando sabes que has hecho la herida a un inocente
mientras tú te escapabas en silencio, de noche.

Cómo pica la esquirla de tu propio despojo.
Haberla hecho y quitarte
de en medio, sin sorpresa,
sabiendo que el herido es ruin, como tú,
un reflejo del aire de tu misma mirada.

Y cuando te equivocas con tu propia insolvencia,
con esa labia tuya de no haber roto un plato,
no haces sino fijar tu retrato en la historia,
esa mezquina hada que a veces es madrastra.

Bargas, 5 de marzo de 2024

Hostal Cortés

La hora que implacable te desnuda
cuando la sombra sobre la luz se impone.
La hora en que no puedes defenderte
porque el miedo invasor vence y te agarra

En el silencio oscuro contra tus sombras luchas
Y son tus muchas dudas las que triunfan.
Hay que aguardar a que la noche acabe
para que el sol una esperanza alumbre

Hostal Cortés; Cuenca,
15 de marzo de 2024

Espacios de la muerte

Buscando los lugares de la muerte
para pagar con creces su tributo,
aunque la muerte no necesita espacios
y los ocupa todos cuando llega.

(Rafa; muerto en Torrenueva
el 25 de marzo de 2024)
Almagro, 27 de marzo de 2024

Hermano

Cuando el otro es tu hermano,
cuando es tu hermano quien ya está al otro lado,
cuando hace mucho que dejasteis de ir de la mano,
cuando ahora él es el otro, el lejano, el ajeno.

Ahora que ya no puedes abrazarle,
ahora que ya no puedes decirle que lo sientes,
ahora que todo es
                        distancia, nostalgia y silencio
ahora que ya no es, que ya no está

Trágate tu dolor, y hazlo recuerdo

                      A Rafael, mi hermano,
                      muerto el 25 de marzo de 2024

Pequeño infortunio

Me quito la amargura
del último infortunio
tomando algo de dulce
que suaviza mi alma.

Así de simple es todo:
compensar las espinas
con caricias inocuas
que fuerzan a esbozar
una leve sonrisa

Toledo / Bargas, 18 de junio de 2024

Las horas duras

Desde las horas duras,
desde las olas tiernas

Desde el tiempo que hiere
desde el mar que consuela.

Gijón, 25 de junio de 2024

Avanzando

I

Y mantener tus piezas
en posición de defensa o avance.
No hace falta agredir ni arañar
o empujar al adversario.
Sólo situar tus fuerzas
y seguir avanzando.
Avanzando, ¿hacia dónde?

II

Y no es el adversario sino el otro
que, con otros intereses,
camina junto a ti.

Gijón, 27 de junio de 2024

Mientras la muerte...

Mientras la muerte sigue...
Y suenan las fanfarrias
de anhelos de los seres
        que miran a la vida,
agarrándose a ella
como a balones blancos
sobre los que quizás puedan
elevarse en el polvo.

Gijón, 8 de julio de 2024

AMS, *tres años*

«de un sordo y ciego Azar que va rigiendo»

Antonio Martínez Sarrión

De un recuerdo tan agrio y persistente
como arcadas ligeras
que no terminan de salir:
vómitos dulces que expulsaran nostalgias.

De ese recuerdo que va y viene, terco
–huidizo por la noche, persistente–
están hechas mis sombras, ahora que lo pienso.

Ahora que pienso y dicto estas esquirlas
al papel
teniéndote presente, amigo Antonio,
que tan poco te tuve
como a casi todo
pues casi todo es agua entre las manos,
diluyéndose, como el tiempo vivo.

Gijón, 13 de septiembre de 2024
(a tres años de la muerte de AMS)

Sonido

«No existe sonido disonante que hable de la vida»

SAMUEL T. COLERIDGE

Los raspones que rompen el silencio
azul –aquí– de esta misma mañana
son tan claros como el mismo murmullo
monótono que mueve
el resto de la vida.

Si todo calla nada puede oírse.
Debe haber un susurro
insistente y tenaz
para que en él destaque
el ruido sordo de este tiempo
manchado de sorderas.

Olías del Rey, 2 de octubre de 2024

Con qué palabra inaugurar el día

¿Con qué palabra inaugurar el día?
¿Cuál sirve para abrir un nuevo pulso?

Si decimos 'sonrisa' será buena
el alba que amanece, repetida
        pero nunca la misma.

Si la rutina nubla nuestra mente
será el tedio, al final, el que nos marque.

Por eso aspiro a despertar mis ojos
con música vivaz, con esperanza.

Bargas, 27 de octubre de 2024

Débiles recuerdos

Los despertares blancos,
los débiles recuerdos;
los nudos invisibles
que enredan en los sueños.

¿Cómo atrapar un aire
que se esconde en el cieno?
Si todo es tan efímero
¿qué no será lo eterno?

Bargas, 9 de noviembre de 2024

Arden las venas

Arden las venas
encienden las imágenes.
Oporto queda lejos.

Llega el amanecer y estoy cansado
de encontrar las palabras que no busco,
de la noche y sus sombras.

Pero entonces despierto,
doy un salto y me mido
con la presencia, al fin,
de esta mañana.

Entonces recupero
al joven que me dijo
«arden las venas».
Y agradezco al destino
la memoria.

Madrid / Bargas 23, 24 de noviembre de 2024

Alfonso González-Calero

La cobardía

Envuelta en terciopelo la cobardía parece
buen sentido o prudencia;
finge ser razón justa pero no es más que miedo.

Alguien podría pensar al verla sinuosa
que es sabiduría del tiempo
o prevención certera
pero no es más que miedo.

Miedo de que la furia
estalle contra ti
y destruya lo que cobardemente has construido.
Y como el miedo está desde el principio
a todo llamarás: la cobardía.

1 de diciembre de 2024

Y este brillo de Dios,
que es obvio que él ignora,
lanza un fanal de luz
a la sombra del mundo.

ÍNDICE